Antoine de Saint-Exupéry ist einer der bekanntesten französischen Schriftsteller der Moderne. Berühmt wurde er mit dem Roman „Der kleine Prinz". Die märchenhafte Erzählung gehört zu den erfolgreichsten Büchern der Welt.

Valeria Docampo findet die Inspiration für ihre Illustrationen im Alltag. Geboren wurde sie in Buenos Aires, Argentinien, wo sie auch ihr Diplom in Grafikdesign machte. Seit 2003 widmet sie sich ganz der Illustration von Kinderbüchern.

Agnès de Lestrade schreibt Bücher, erfindet Gesellschaftsspiele und dichtet Lieder. Seit ihrem Debüt 2003 erschienen zahlreiche erfolgreiche Bücher in französischer Sprache.

Von Valeria Docampo und Agnès de Lestrade sind bei Mixtvision bereits die Bilderbücher „Die große Wörterfabrik", „Der Bär und das Wörterglitzern" und „Die Schneiderin des Nebels" erschienen.

Für dich, Alfie, unseren kleinen Prinzen der Liebe
Von Nana und Poppi
AGNÈS DE LESTRADE

Für meine kleine Lucia
VALERIA DOCAMPO

5. Auflage, 2024

Titel der Originalausgabe: Il piccolo principe
Nach einer Geschichte von Antoine de Saint-Exupéry
Von Agnès de Lestrade und Valeria Docampo
© 2018 by Cart'armata Edizioni srl / Terre di mezzo Editore
via Calatafimi 10, Milano, Italy, libri.terre.it

Für die deutschsprachige Ausgabe:
© 2019 Mixtvision Verlag, Leopoldstraße 25, 80802 München
www.mixtvision.de
Alle Rechte vorbehalten
Übersetzung: Anna Taube
Satz und Bildbearbeitung: Julia Herrmann
Druck und Bindung: Grafisches Centrum Cuno, Calbe

 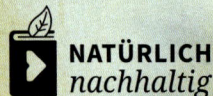

ISBN 978-3-95854-141-2

Der kleine Prinz

ANTOINE
DE SAINT-EXUPÉRY

Nacherzählt von
AGNÈS DE LESTRADE

Illustriert von
VALERIA DOCAMPO

Übersetzt von
ANNA TAUBE

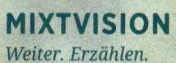

Als ich noch ein Kind war, wollte ich Maler werden.

Das habe ich bald wieder aufgegeben,

weil die Erwachsenen meine Bilder nicht verstanden.

(Die Großen verstehen nie etwas von allein und für Kinder

ist es ganz schön anstrengend, ihnen immer alles erklären zu müssen.)

Ich musste mir also einen anderen Beruf suchen und lernte, Flugzeuge zu fliegen.

Eines Tages ging, mitten in der **Wüste Sahara**,

der Motor meines Flugzeugs kaputt.

Ich musste ihn schnell reparieren,

denn mein Wasservorrat reichte nur für acht Tage.

Am ersten Abend schlief ich im Sand ein.

Im Morgengrauen weckte mich eine zarte Stimme:
„Bitte, zeichne mir ein Schaf."

Ich sprang auf und erblickte einen ganz und gar außergewöhnlichen kleinen Kerl.

Er sah nicht so aus, als habe er sich verlaufen.
„Bitte, zeichne mir ein Schaf."

Ich antwortete ihm, dass ich nicht zeichnen könne.
„Das macht nichts, zeichne mir ein Schaf."
Ich unternahm einige Versuche, doch er war nie zufrieden.

Schließlich kritzelte ich **eine Holzkiste.**

„Bitte schön", sagte ich zu ihm. „Dein Schaf ist dadrin."

Zu meiner großen Überraschung strahlte er über das ganze Gesicht.

„Genau so habe ich es mir vorgestellt!"

So lernte ich **den kleinen Prinzen** kennen.

Als er mein Flugzeug bemerkte, betrachtete er es neugierig.

Ich erklärte ihm, dass es fliegen könne,

sobald ich es wieder repariert habe.

„Kommst du auch aus dem Himmel?", fragte er mich.

„Von welchem Planeten bist du?"

„Du kommst also von einem anderen Stern?"

„Ja", antwortete er, „aber er ist ganz klein,

nicht größer als ein Haus."

Dann sagte er: „Stimmt es, dass Schafe Sträucher fressen?"

„Ja, das stimmt."

„Ah, da bin ich froh! Dann fressen sie also auch **Affenbrotbäume?**"

„Nein, die sind viel zu groß."

„Oh! Der Boden meines Planeten ist voller Affenbrotbaum-Samen und ich habe Angst, dass ihn, wenn die Bäume wachsen, **die Wurzeln zersprengen.**"

Am fünften Tag versuchte ich gerade, einen sehr festsitzenden

Schraubenbolzen zu lockern und war entsprechend schlecht gelaunt,

als mich der kleine Prinz fragte:

„Wenn ein Schaf Sträucher frisst, frisst es dann auch Blumen?"

„Ein Schaf frisst alles, was ihm vor die Nase kommt."

„Auch Blumen mit Dornen?"

„Ja, auch Blumen mit Dornen."

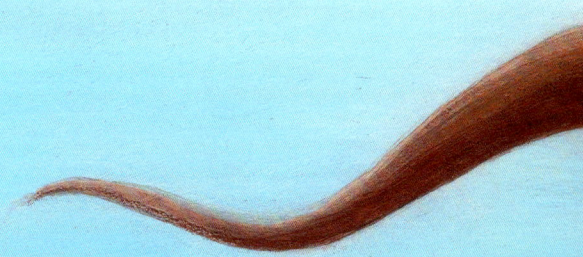

„Wozu nützen die Dornen denn dann?"

„Zu gar nichts. Es ist eine pure Gemeinheit der Blumen."

„Das glaube ich dir nicht!

Blumen sind schwach. Ich selbst kenne eine,

die gibt es nur auf meinem Planeten.

Was, wenn das Schaf, das du mir gezeichnet hast, meine Blume auffrisst?"

Der kleine Prinz brach in Tränen aus.

Ich nahm ihn in meine Arme und wiegte ihn.

„Diese Blume, die du so lieb hast, ist nicht in Gefahr.

Ich werde dir einen Maulkorb für dein Schaf zeichnen."

Der kleine Prinz erzählte mir,

dass seine Blume wunderschön,

aber auch sehr stolz war.

Sie hatte vier Dornen, um sich zu verteidigen, und sie hasste Zugluft.

„Abends müssen Sie mich mit einer Glasglocke zudecken.

Es ist sehr kalt bei Ihnen",

hatte sie vorwurfsvoll zu ihm gesagt.

Sie war eine sehr anstrengende Blume.

Darum hatte sich der kleine Prinz,

obwohl er seine Blume so liebte,

entschieden zu gehen.

Ich glaube,
bei seiner Flucht war ihm ein Schwarm
wilder Zugvögel behilflich.

Er reiste von einem Planeten zum nächsten.

Auf dem ersten traf er einen König.

„Ah! Ein Untertan! Komm näher!", befahl er,

stolz, endlich für jemanden König zu sein.

„Darf ich mich setzen?", fragte der kleine Prinz schüchtern.

„Ich befehle dir, dich zu setzen.

Ich bin der König und alle müssen mir gehorchen."

„Sogar die Sonne?"

„Natürlich", bestätigte ihm der König.

„Ich würde so gern einen Sonnenuntergang sehen.

Tun Sie mir den Gefallen und befehlen Sie der Sonne unterzugehen."

„Du sollst deinen Sonnenuntergang bekommen.

Und zwar heute Abend um etwa sieben Uhr vierzig!"

Aber so lange wollte der kleine Prinz nicht warten

und er beschloss weiterzureisen.

Der zweite Planet wurde von **einem Eitlen** bewohnt.

„Guten Tag", sagte der kleine Prinz.

„Sie haben einen lustigen Hut."

„Ich benötige ihn zum Grüßen, wenn man mir zujubelt.
Leider kommt hier kaum einer vorbei."

Schnell fügte er hinzu: „Klatsch doch mal in die Hände!"

Der kleine Prinz klatschte und der Eitle hob den Hut und grüßte ihn.

„Bewunderst du mich wirklich sehr?", fragte der Eitle.

„Was bedeutet **bewundern**?"

„Bewundern bedeutet, du findest, dass ich der schönste,
bestgekleidete, reichste und intelligenteste Mann dieses Planeten bin."

„Aber ... du bist doch der einzige auf diesem Planeten!"

„Tu mir den Gefallen und bewundere mich trotzdem!"

„Ich bewundere dich", versicherte ihm der kleine Prinz. Und reiste weiter.

„Die Großen sind wirklich sehr eigenartig", sagte er sich.

Der nächste Planet wurde von **einem Trinker** bewohnt.

„Was tust du da?", fragte ihn der kleine Prinz.

„Ich trinke", antwortete ihm der Trinker finster.

„Warum trinkst du?"

„Um zu vergessen, dass ich mich schäme",

gab der Trinker zu.

„Wieso schämst du dich?"

„Weil ich trinke."

Ratlos reiste der kleine Prinz weiter.

Der vierte Planet gehörte einem Geschäftsmann.

„Was machst du?", fragte der kleine Prinz.

„Ich zähle", antwortete der Geschäftsmann.

„Was zählst du denn?"

„Die Sterne. Ich besitze Millionen von Sternen."

„Was nützt es dir denn,

die Sterne zu besitzen?"

„Auf diese Weise bin ich reich."

„Und was nützt es dir, reich zu sein?"

„So kann ich weitere Sterne kaufen.

Ich verwalte sie, ich zähle sie,

dann zähle ich sie noch einmal

und dann kann ich sie zur Bank bringen."

„Ich besitze eine Blume, die ich jeden Tag gieße.

Das nützt ihr.

Aber du, du nützt den Sternen überhaupt nichts."

Der fünfte Planet war der kleinste von allen.
Er wurde von einem Laternenanzünder bewohnt,
der immerzu seine Laterne anzündete
und in der nächsten Minute wieder löschte.
„Es ist eine stumpfsinnige Arbeit", erklärte er dem kleinen Prinzen.
„Früher, da löschte ich sie am Morgen
und zündete sie am Abend wieder an.
Ich hatte den ganzen Tag, um mich auszuruhen, und die Nacht zum Schlafen.
Aber von Jahr zu Jahr drehte sich mein Planet schneller und schneller
und nun habe ich keinen Augenblick mehr Pause."

Der kleine Prinz fand, dass der Laternenanzünder
weniger lächerlich war als die Bewohner der anderen Planeten.
Vielleicht, weil er sich um etwas anderes
als nur sich selbst kümmerte.

Der sechste Planet wurde von einem alten Mann bewohnt,
der unheimlich dicke Bücher schrieb.
„Was machen Sie da?", fragte der kleine Prinz.
„**Ich bin Geograf.**"
„Was ist das, ein Geograf?"
„Das ist ein Gelehrter, der weiß, wo sich die Städte,
die Berge und die Meere befinden.
Ich zeichne sie in meinen dicken Büchern auf.
Das ist sehr schwierig, denn ich habe die Städte, die Berge
und die Meere noch nie gesehen. Ich bin kein Entdecker,
der herumreist. Dazu habe ich gar keine Zeit.
Doch du, du bist einer, du reist umher.
Du musst mir **deinen Planeten** beschreiben."

„Oh, bei mir ist alles sehr klein.
Ich habe zwei aktive Vulkane und einen erloschenen.
Ich habe auch eine Blume."
„Wir vermerken keine Blumen."
„Warum nicht? Sie sind doch **das Allerschönste.**"

„Blumen sind vergänglich."

„Was bedeutet **vergänglich**?"

„Es bedeutet, von baldigem Verschwinden bedroht sein."

„Meine Blume ist vergänglich",

erkannte der kleine Prinz erschrocken.

„Und ich habe sie auf meinem Planeten **ganz allein** gelassen."

Schließlich kam der kleine Prinz auf die Erde.

Er lief lange über Sand, Felsen und Schnee und erreichte einen Garten voll blühender Rosen.

„Guten Tag", sagte der kleine Prinz.

„Guten Tag", antworteten die Rosen.

Der kleine Prinz betrachtete sie:

Sie sahen alle aus wie seine Blume.

Er wurde sehr traurig.

Seine Blume hatte ihm erzählt,

sie sei die Einzige ihrer Art, und nun standen hier

hunderttausend solcher Blumen

in einem einzigen Garten!

Da erschien der Fuchs.

„Spiel mit mir", bat ihn der kleine Prinz.

„Ich bin so traurig."

„Ich kann nicht mit dir spielen.

Ich bin nicht gezähmt."

„Was bedeutet zähmen?"

„Es bedeutet, sich miteinander

vertraut zu machen und anzufreunden.

Du bist für mich nur ein kleiner Junge

wie hunderttausend andere kleine Jungen.

Und ich bin für dich nur ein Fuchs

wie hunderttausend andere Füchse.

Aber wenn du mich zähmst,

werden wir einander brauchen.

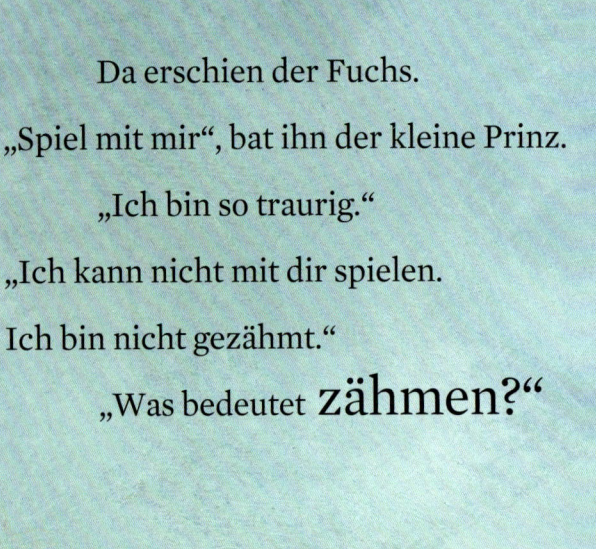

Ich werde für dich auf der Welt **einzigartig** sein. Und du wirst für mich auf der Welt einzigartig sein. Weil wir dann Freunde sind."
„Auf meinem Planeten gibt es eine Blume. Ich glaube, sie hat mich gezähmt ..."

„Wenn du mich zähmst,
wird mein Leben viel schöner sein.
Denn dann habe ich **einen Freund.**
Bitte, zähme mich!"

„Was muss ich tun?",
fragte ihn der kleine Prinz.
„Du musst sehr geduldig sein",
erwiderte der Fuchs.
„Setze dich anfangs ein wenig entfernt
von mir hin. Ich werde dich aus dem
Augenwinkel beobachten
und du wirst nichts sagen.
Sprache ist die **Quelle
von Missverständnissen.**
Doch jeden Tag wirst du dich mir etwas
nähern können."

Am nächsten Morgen kam der kleine Prinz wieder.

„Es wäre besser, wenn du immer zur selben Uhrzeit kämst",
sagte der Fuchs. „Kämst du beispielsweise immer um vier,
würde ich mich schon ab drei Uhr auf dich freuen.
Wenn du kommst, wann du willst, weiß ich nie,
ab wann ich mich freuen soll."

So freundeten sich der kleine Prinz und der Fuchs an.
Und als **die Stunde des Abschieds** nahte, sagte der Fuchs:

„Ich werde weinen."

„Daran bist du selbst schuld", sagte der kleine Prinz.

„Ich möchte dir nicht wehtun, aber du wolltest, dass ich dich zähme."

„Natürlich!", sagte der Fuchs.

„Aber nun wirst du weinen!"

„Natürlich!", wiederholte der Fuchs.

„Aber dann hast du doch nichts gewonnen!"

„Ich habe einen Freund gewonnen",

erklärte der Fuchs.

„Hier ist mein Geheimnis", sagte der Fuchs. „Es ist ganz einfach:
Man sieht nur mit dem Herzen gut.
Das Wesentliche ist für die Augen unsichtbar.
Die Zeit, die du dich um deine Rose gekümmert hast,

macht sie für dich so wichtig.

Die Menschen haben diese Wahrheit vergessen,

aber du darfst sie nicht vergessen.

Du bist für immer verantwortlich für das, was du dir

vertraut gemacht hast.

Du bist für deine Rose verantwortlich."

Und so kam **der kleine Prinz** schließlich

in die Wüste Sahara, wo wir uns begegnet sind.

Eines Tages, als es mir endlich gelungen war,

den Motor meines Flugzeugs zu reparieren,

erblickte ich den kleinen Prinzen, wie er gerade

mit einer jener gelben Schlangen sprach,

deren Gift in dreißig Sekunden tötet.

„Wen ich berühre", sagte die Schlange,

„den gebe ich der Erde zurück, aus der er kommt."

„Bist du sicher, dass ich

nicht lange leiden muss?",

fragte der kleine Prinz.

Ich näherte mich ihm und die Schlange verschwand.

„Was hat das alles zu bedeuten?",

fragte ich den kleinen Prinzen.

„Ich muss auf meinen Planeten zurückkehren.
Zu meiner Blume.
Weißt du, ich bin für sie verantwortlich.

Sie ist so schwach und hat nur vier Dornen,

um sich zu schützen."

Ich wusste, dass ich ihn nie wiedersehen würde.

„Sei nicht traurig", sagte der kleine Prinz.

„Jedes Mal, wenn du in den Nachthimmel siehst,

wird es für dich sein, als lachten die Sterne.

Denn auf einem von ihnen bin ich und lache.

Und du wirst **für immer mein Freund** sein."

Es war nur ein gelber Blitz an seinem Knöchel.

Einen Augenblick blieb er bewegungslos stehen.

Er weinte nicht.

Dann fiel er sacht um, der Sand schluckte jedes Geräusch.

Ich bin mir sicher, dass er zu seinem Planeten **zurückgekehrt** ist, denn am nächsten Morgen konnte ich seinen Körper nicht finden.

Nachdem der kleine Prinz fort war, fiel mir ein,

dass ich vergessen hatte, an den Maulkorb für sein Schaf

einen Verschluss zu zeichnen!

Ich fragte mich, ob das Schaf die Rose vielleicht doch gefressen hat.

Aber, beruhigte ich mich, das war bestimmt nicht passiert,

weil der kleine Prinz seine Blume jede Nacht mit einer

Glasglocke abdeckte und gut auf sein Schaf aufpasste.

Und so war ich froh
und alle Sterne über mir
lachten leise.